Le racisme et l'islamophobie aux États-Unis

Oscar McDougal

Le racisme et l'islamophobie aux États-Unis

Contents

Conclusion: Un voyage partagé

Introduction

Two interconnected and very distressing events have persisted throughout the diverse fabric of American history, leaving a long and dark shadow on the principles of equality and justice. L'islamophobie et le racisme ont affecté la culture américaine de diverses manières, affectant les vies des individus et façonnant la conscience collective du pays. This book aims to unravel the entangled web of Islamophobia and racism in America, tracing their roots in history, evaluating their modern forms, and illuminating the destructive effects they have on individuals and communities.

L'islamophobie, qui est définie comme une peur injustifiée, une aversion ou une discrimination envers l'Islam et ses adeptes, an une longue histoire aux États-Unis. La perception des musulmans et de l'islam a été altérée par des malentendus, des préjugés et des représentations trompeuses dans les médias, allant des interactions antérieures avec des populations de slaves musulmanes jusqu'aux conséquences actuelles des événements géopolitiques. This book aims to investigate the origins and history of Islamophobia in America, as well as the sociopolitical factors that have led to its persistency and its impact on the lives of Muslim Americans.

Racisme, ainsi que l'islamophobie, sont des problèmes aux États-Unis depuis sa fondation. Racisme an une longue histoire dans la culture américaine, défini par la discrimination institutionnelle, la violence raciale et la perpétuelle inégalité. Slavery and segregation, ainsi que modern-day expressions of structural racism, have had a profound impact on minority communities, continuing to cause injustices en matière d'éducation, d'emploi, de logement et d'accès à la justice. By examining the historical context of racism in America, this book aims to provide a comprehensive understanding of the diverse nature of racism and its relationship with religion, en particulier l'Islam.

Le livre remplit deux fonctions. Pour commencer, il vise à sensibiliser les expériences et les difficultés des musulmans américains qui subissent à la fois l'islamophobie et le racisme tout en s'efforçant de résoudre le complexe lien entre les préjugés religieux et raciaux. By examining the effects of these phenomena on Muslim Americans in areas such as education, employment, and physical and psychological well-being, this book aims to highlight the negative effects of Islamophobia and racism on individual lives and communal cohesiveness.

Second, this book tries to critically examine the role of many players, including the government, law enforcement agencies, and civil society, in combatting Islamophobia and racism. Examining the success of current policies, initiatives, and grassroots movements, the book aims to provide insights and recommendations for developing a more inclusive and equitable society. In order to combat Islamophobia and racism and to establish a culture that values diversity, justice, and equality, various means will be examined, including education, awareness campaigns, interfaith conversation, advocacy, and action.

Let us strive to challenge dominant narratives, confront biases, and work toward a society in which all individuals, regardless of race or religion, can thrive and fully contribute to the collective American experience as we travel through the complex landscape of Islamophobia and racism in America. By understanding the historical foundations and present expressions of these difficulties, we might expect to build a more inclusive and peaceful future for future generations.

Part 1

Les racines historiques de l'islamophobie et du racisme en Amérique.

Il est possible de remonter les racines de l'islamophobie et du racisme aux États-Unis jusqu'à la fondation de la nation. La servitude, la colonisation et l'empire ont eu un impact significatif sur la culture américaine, ce qui a également eu un impact sur les croyances en matière de race et de religion aujourd'hui.

During the antebellum period, Muslim slaves were brought to America from West Africa, where they were usually forcefully converted to Christianity and stripped of their cultural and religious identities. This erasure of Muslim identity has persisted over the ages, with media and popular culture perpetuating preconceptions and misunderstandings about Islam and Muslims.

La Révolution iranienne de 1979 a marqué un tournant dans les perceptions des musulmans aux États-Unis, avec les médias présentant l'événement comme une confrontation between l'Islam et le monde occidental. The 1993 World Trade Center bombing and the 9/11 attacks solidified America's poor depiction of Muslims, leading to an increase in Islamophobic attitudes and policies.

Slavery of African people played a significant role in the formation of racial stereotypes and discrimination, and racism in America has a similarly lengthy and complicated history. The Jim Crow period, which imposed segregation and discrimination against African Americans, lasted until the Civil Rights Movement in the 1960s.

Structural racism persiste en Amérique, et minority groups continuent de subir des inégalités en matière d'éducation, d'emploi, de logement et d'accès à la justice, malgré des progrès dans la législation visant à promouvoir l'égalité raciale. The Black Lives Matter movement has refocused attention on police violence and racial profiling, emphasizing America's ongoing fight for racial justice.

La rencontre entre l'islamophobie et le racisme est la plus évidente dans les expériences des musulmans américains, qui sont confrontés à la discrimination en raison de leur religion et de leur race. Muslim Americans have been targeted by the tactics of the "War on Terror", which has led to increased surveillance, incarceration, and deportation. Aussi, les musulmans d'Amérique de couleur subissent beaucoup plus de discrimination et de marginalisation en raison de leur race.

Finalement, les racines historiques de l'islamophobie et du racisme aux États-Unis sont complexes et variées, avec des siècles d'oppression institutionnelle et de préjugés qui ont un impact sur les perceptions relatives à la race et à la religion. For addressing these issues and building a more equal and inclusive society, it is essential to understand this history.

Part 2

Les effets de l'islamophobie et du racisme sur les Américains musulmans.

Muslim Americans' lives are greatly impacted by Islamophobia and racism, affecting everything from job and education to social relationships and personal safety.

Muslim Americans sont confrontés à la discrimination au travail, selon des études qui montrent qu'ils sont moins susceptibles d'être embauchés ou promus par rapport à leurs collègues non-Muslims. They also have higher rates of unemployment and underemployment, and many are forced to work in jobs that don't match their credentials due to discrimination.

Muslim American adolescents sont victimes de bullying, de harassment et d'exclusion des activités extracurriculaires à l'école en raison de leur religion et de leur ethnie. Additionally, they report feeling alone and unsupported by school personnel, which leads to poorer academic progress and higher dropout rates.

La santé mentale des Américains musulmans est fortement affectée par l'islamophobie et le racisme. Selon des recherches, les Américains musulmans avaient des taux plus élevés d'anxiety, de tristesse et de post-traumatique stress disorder (PTSD) que le reste de la population. They also report feelings of being constantly watched, which causes paranoia and suspicion.

Muslim Americans' physical safety is also in danger due to Islamophobic and racist attitudes. There has been a rise in hate crimes against Muslims in recent years, with many incidents targeting Muslim women wearing hijabs or other religious garb. Additionally, Muslims in the United States are subjected to increased surveillance and intimidation at airports and other public places, which causes fear and insecurity.

Le racisme et l'islamophobie ont un impact significatif sur les familles musulmanes américaines. Many Muslim American families say they feel culturally and socially dislocated. De plus, ils sont soumis à une surveillance accrue de la part des forces de l'ordre et des institutions gouvernementales, ce qui suscite des sentiments de méfiance et de peur.

En résumé, l'islamophobie et le racisme ont un impact considérable et profond sur les musulmans américains, affectant chaque aspect de leur vie. Pour développer une société plus égalitaire et inclusive pour tous, il est essentiel que la société reconnaisse et traite de ces problèmes.

Part 3

Combattre l'islamophobie et le racisme en Amérique.

Alors que l'islamophobie et le racisme ont un impact significatif sur les musulmans américains, il y a des actions qui peuvent être entreprises pour contrer ces préoccupations et créer une communauté plus accueillante.

Il est nécessaire d'avoir une éducation et une conscience pour lutter contre l'islamophobie et le racisme. Individuals may be educated about the rich history and variety of Muslim Americans, which can help to break down prejudices and foster understanding. Aussi, écoles et institutions peuvent mettre en place des programmes anti-intimidation et fournir de l'aide aux étudiants d'origine musulmane.

Le rôle des médias dans la lutte contre l'islamophobie et le racisme est tout aussi crucial. Les médias ont la capacité de modifier les croyances et les sentiments des Américains musulmans. By supporting diverse and truthful depictions of Muslim

Americans in the media, we can counter negative perceptions and promote inclusion.

Il est de la responsabilité des dirigeants politiques et des politiciens de lutter contre l'islamophobie et le racisme en modifiant les lois et les politiques. This includes promoting diversity and inclusion in government institutions and departments, and enacting hate crime legislation to protect Muslim Americans.

Afin de lutter contre l'islamophobie et le racisme, il est également nécessaire d'encourager la participation de la communauté. Construire des liens entre les musulmans américains et d'autres groupes peut aider à améliorer la compréhension et à réduire les préjugés. Discussions interreligieuses, réunions de communauté et échanges culturels peuvent contribuer à rendre la société plus inclusive.

Finalement, les gens doivent agir contre l'islamophobie et le racisme dans leur vie quotidienne. Exemples de cela incluent s'opposer à des comportements discriminatoires, soutenir les entreprises détenues par des musulmans d'Amérique et activement explorer divers concepts et expériences.

Pour résumer, la lutte contre l'islamophobie et le racisme aux États-Unis nécessite une stratégie complexe qui comprend l'éducation, la représentation dans les médias, les réformes du gouvernement, l'engagement de la communauté et les actions personnelles. Ensemble, nous pouvons construire une société plus équitable et incluante pour chacun.

Part 4

Encourager les communautés musulmanes américaines

Muslim American communities in the United States have faced a number of issues, including discrimination, marginalization, and exclusion. Il est possible de mettre en place plusieurs initiatives pour lutter contre ces préoccupations et aider les communautés musulmanes américaines.

Give resources and support to Muslim American businesses and entrepreneurs is an essential option. All of this includes access to finance, mentoring programs, and opportunities de networking. By aiding Muslim American businesses, we can boost the economy and create more job opportunities in these areas.

Providing Muslim Americans with access to health and social services is another crucial strategy. This includes ensuring that healthcare staff are culturally competent and aware of the needs of Muslim patients, as well as offering language interpretation and mental health support.

When it comes to supporting Muslim American communities, education plays a crucial role. This includes providing access to educational materials and events that emphasize Muslim Americans' rich history and culture, as well as promoting diversity and inclusion in schools and institutions.

Community organizations and advocacy groups play a major role in providing support to Muslim American communities. People qui sont victimes de discrimination ou d'intimidation peuvent se tourner vers ces groupes pour obtenir de l'aide juridique, de l'avocat et de l'aide. They may also help bridge the gap between Muslim Americans and other groups, encouraging understanding and inclusiveness.

Finalement, les gens doivent montrer leur soutien aux communautés musulmanes américaines par leurs actions et leurs paroles. Exemples de cela incluent s'opposer à la conduite discriminatoire, participer à des activités sociales et activement chercher de nouvelles perspectives et expériences.

Finalement, il est nécessaire d'adopter une approche multifacette pour soutenir les communautés musulmanes. Cette approche comprend la fourniture de ressources et de soutien aux entreprises et aux entrepreneurs, la garantie d'accès à des services de santé et de services sociaux, l'encouragement de l'inclusion et de l'éducation, la création de groupes de soutien et de communautés. Ensemble, nous pouvons construire une société plus équitable et incluante pour chacun.

Part 5

Répondre à l'islamophobie aux États-Unis

Une forme de rancœur et de discrimination envers les musulmans et l'islam est connue sous le nom d'islamophobie. It has become a major issue in the United States, having negative effects for Muslim American groups. Il existe de nombreuses méthodes pour lutter contre l'islamophobie.

Raison de l'awareness et de l'information sur les groupes musulmans américains est une stratégie importante. This includes providing truthful information about Islam and its teachings, and recognizing the contributions and accomplishments made by Muslim Americans throughout history. By increasing knowledge and awareness, we can challenge prejudices and misunderstandings about Islam and Muslim Americans.

Responsabiliser les individus et les organisations pour leurs actions islamophobes est un autre moyen crucial. Cela comprend la condamnation de discours de haine, des politiques discriminatoires et des attaques violentes contre les Américains musulmans. Collaborating with law enforcement to investigate and prosecute hate crimes is also involved.

La présentation médiatique est également cruciale pour lutter contre l'islamophobie. Cela implique d'encourager une variété de représentations des musulmans américains dans les médias tels que les journaux, les émissions de télévision et les films. Aussi, cela implique de tenir les médias responsables de la propagation de l'islamophobie et de la contestation des images négatives des musulmans et de l'islam dans les médias.

La participation de la communauté est une méthode cruciale pour lutter contre l'islamophobie. This effort includes encouraging communication and understanding, creating opportunities for collaboration and cooperation, and building connections between Muslim American groups and other communities. En outre, cela implique d'encourager les communautés musulmanes aux États-Unis à défendre leurs droits et à s'engager activement dans la vie publique.

Finalement, les problèmes structurels qui conduisent à l'islamophobie, tels que racisme, xenophobie et discrimination, doivent être abordés. This includes advocating for policies that promote equality and justice for all, and opposing policies that perpetuate inequality and injustice.

Pour résumer, la lutte contre l'islamophobie nécessite une approche multifacette qui comprend la promotion de l'éducation et de l'information, la tenue de responsables pour les actes d'Islamophobie, l'encouragement de diverses représentations dans les médias, l'engagement dans les efforts de la communauté et la résolution de problèmes systémiques. Ensemble, nous pouvons construire une société plus juste et accueillante pour chacun.

Part 6

Encourager les communautés musulmanes américaines

Les populations musulmanes d'Amérique ont tous été victimes de discrimination, d'intimidation et de crimes de haine. On peut aider ces communautés de diverses manières.

One crucial strategy is to provide services and support to Muslim Americans and their families who have experienced prejudice or harassment. Assistance juridique, thérapie et activités de participation à la communauté en font partie. Supporting Muslim Americans' access to healthcare, education, and career opportunities is also involved.

Installer des refuges sûrs pour les groupes musulmans américains est une autre stratégie cruciale. Cela implique la mise à disposition de lieux physiques pour les services religieux, les réunions de la communauté et les activités culturelles. Aussi, cela implique de promouvoir des politiques et des pratiques qui protègent les droits et la dignité des musulmans en public.

When it comes to supporting Muslim American communities, community involvement is also crucial. This effort includes encouraging conversation and understanding, creating opportunities for collaboration and cooperation, and building links between Muslim American groups and other communities. En outre, cela implique d'encourager les communautés musulmanes aux États-Unis à défendre leurs droits et à s'engager activement dans la vie publique.

Media coverage est une méthode cruciale pour aider les communautés musulmanes américaines. Cela implique d'encourager une variété de représentations des musulmans américains dans les médias tels que les journaux, les émissions de télévision et les films. Aussi, cela implique de tenir les médias responsables de la propagation de l'islamophobie et de la contestation des images négatives des musulmans et de l'islam dans les médias.

Finalement, il est essentiel de résoudre les problèmes structurels qui conduisent à la préjugés envers les musulmans américains. This includes advocating for policies that promote equality and justice for all, and opposing policies that perpetuate inequality and injustice.

Finalement, l'aide aux communautés musulmanes américaines nécessite une stratégie complexe qui comprend l'octroi de ressources et d'aide, la création de zones sécurisées, la promotion de la participation de la communauté dans les médias et la résolution de problèmes structurels. Ensemble, nous pouvons construire une société plus juste et accueillante pour chacun.

Part 7

Construire une compréhension des ponts

Alors que les efforts pour aider les communautés musulmanes américaines continuent, il est de plus en plus important de se concentrer sur la création de ponts d'understanding à travers diverses populations. Le chapitre 7 aborde l'importance d'encourager la discussion, l'empathie et la coopération afin de créer une société plus accueillante.

Les discussions interreligieuses sont cruciales pour combler les disparités entre les Américains musulmans et les personnes de autres religions. Individuals may use these discussions to share their views, traditions, and experiences, encouraging mutual respect and understanding. By sponsoring interfaith activities, seminars, and debats, communities may break down prejudices and build empathy among various religious groups.

L'éducation est essentielle pour vaincre l'ignorance et favoriser l'inclusion. Avec la création de cours multiculturales qui reflètent les réalisations de Muslim Americans au fil du temps, les écoles et les institutions d'enseignement peuvent aider les communautés musulmanes. Afin de créer des environnements inclusifs et de lutter contre les préjugés ou les malentendus, il est essentiel que les instructeurs et les membres du personnel reçoivent des formations en culture sensible.

Encourager les jeunes est essentiel pour établir une communauté paisible. Muslim American adolescents peuvent interagir avec des personnes de différents backgrounds en participant à des activités pour jeunes qui favorisent la conversation, l'échange de cultures et le développement de la capacité de leadership. By developing multicultural connections and encouraging open-mindedness, these programs may help break down barriers and increase understanding among future generations.

Part 8

Engagement politique et défense

Now we explore the importance of political participation and activism in advancing the rights and well-being of Muslim American communities, building on the foundations of support and understanding.

Through grassroots activism, individuals are empowered to take action and push for change in their communities. Muslim American groups peuvent mobiliser des efforts de base pour sensibiliser la communauté aux problèmes, organiser des manifestations et participer à des projets basés sur la communauté. Les activistes de base ont le potentiel de faire une grande différence dans la vie des musulmans américains en amplifiant leur voix et en plaidant pour des politiques qui favorisent l'égalité et la justice.

Politique représentation est essentielle pour garantir que les opinions et les préoccupations des communautés musulmanes américaines sont prises en compte à tous les niveaux de gouvernement. Encourager les musulmans américains à se présenter aux élections, financer les campagnes et développer des réseaux politiques pourrait entraîner une plus grande représentation dans les instances décisionnelles. Être élu musulman américain peut aider à créer des policies qui répondent aux préoccupations de la communauté et contribuent à une scène politique plus inclusive.

Part 9

Celebrating Diversité et échange culturel

Maintenant, nous devons mettre l'accent sur l'importance de reconnaître la grande diversité des communautés musulmanes américaines et d'encourager l'interaction culturelle comme un moyen d'accroître l'éducation et le respect.

Avec l'organisation de festivals et d'événements culturels qui mettent l'accent sur les coutumes, les arts et la cuisine des musulmans, il est possible pour les personnes de toutes origines d'apprendre, de profiter et d'interagir avec la communauté. These activities may be hosted in partnership with local groups, schools, and community centers in order to promote cultural variety and develop meaningful relationships.

Through the formation of alliances with other community groups, corporations, and institutions, it is possible to create venues for cultural exchange and cooperation. By établissant des liens avec museums, libraries, collèges et autres institutions locales, les groupes musulmans américains peuvent contribuer à la création de cours, d'expositions et de séminaires qui favorisent l'apprentissage et l'appréciation des différences culturelles.

Part 10

Continuer le progrès et construire une meilleure future

Nous nous concentrons actuellement sur la préservation des bénéfices obtenus en soutenant les communautés musulmanes américaines et en projetant une future meilleure pour tous.

Pour maintenir le développement, il est essentiel de mettre l'accent sur l'éducation continue et l'éducation. This includes regularly giving community members, educators, and law enforcement officials workshops, seminars, and trainings in order to raise their awareness of Islam and Muslim American experiences. Tout en maintenant la discussion ouverte et en garantissant une communication adéquate, les préjugés et les préjugés peuvent être abordés et éliminés.

Coalitions and alliances with other underprivileged groups and social justice organizations must be formed in order to keep progressing. Muslim American groups may band together with partners to campaign for greater social change, recognizing the interdependence of diverse conflicts. By collaborating, these alliances have the ability to raise their combined voices and build a stronger, more inclusive movement.

Aux intérieurs des communautés musulmanes américaines, l'investissement dans des programmes de mentorat et de développement de la leadership peut garantir le développement de futurs leaders qui continueront à soutenir et à défendre les idées. People peuvent devenir changeurs dans leurs communautés et dans le monde entier en recevant des mentorats, des bourses et des programmes de développement professionnel.

Continuer à avancer nécessite une interaction continue avec la politique et la loi. Muslim American communities have the opportunity to actively participate in the political process by getting educated about relevant issues, advocating for their interests, and working together with legislators to bring about positive change. By influencing legislators and changing legislation, Muslim Americans can help build a more equal and inclusive society.

In the face of ongoing efforts to support Muslim American communities, it is crucial to emphasize resilience and self-care. Parce que l'advocacy et l'activité peuvent causer de l'épuisement physique et émotionnel, les individus et les communautés doivent accorder la priorité à leur bien-être. Personnes peuvent maintenir leur énergie et leur dévouement à la cause en promouvant des ressources de santé mentale, en encourageant des habitudes de soins personnels et en créant des réseaux de soutien.

Conclusion: Un voyage partagé

Serving Muslim American communities is an ongoing, collaborative endeavor that requires dedication, collaboration, and consistent effort. By following the ideas outlined in this book and adjusting to the changing demands of the community, we may establish a society that cherishes and promotes the rights and well-being of all its members. Through discourse, understanding, and collective action, we can build empathy bridges and create a better, more inclusive future for Muslim Americans and society as a whole.